Materiales de la Tierra

Los minerales

por Rebecca Pettiford

T0015064

Bullfrog
en español

Ideas para padres y maestros

Bullfrog Books permite a los niños practicar la lectura de textos informativos desde el nivel principiante. Las repeticiones, palabras conocidas y descripciones en las imágenes ayudan a los lectores principiantes.

Antes de leer

- Hablen acerca de las fotografías. ¿Qué representan para ellos?
- Consulten juntos el glosario de las fotografías. Lean las palabras y hablen de ellas.

Durante la lectura

- Hojeen el libro y observen las fotografías. Deje que el niño haga preguntas. Muestre las descripciones en las imágenes.
- Léale el libro al niño o deje que él o ella lo lea independientemente.

Después de leer

- Anime al niño para que piense más. Pregúntele: ¿Sabías que los minerales están en tantos alimentos? ¿Comiste algo hoy con calcio o hierro?

Bullfrog Books are published by Jump!
5357 Penn Avenue South
Minneapolis, MN 55419
www.jumplibrary.com

Library of Congress Cataloging-in-Publication Data is available at www.loc.gov or upon request from the publisher.

ISBN: 979-8-88524-835-8 (hardcover)
ISBN: 979-8-88524-836-5 (paperback)
ISBN: 979-8-88524-837-2 (ebook)

Editor: Katie Chanez
Designer: Emma Almgren-Bersie
Translator: Annette Granat

Photo Credits: Obradovic/iStock, cover; Parilov/Shutterstock, 1; Sebastian Janicki/Shutterstock, 3, 24; Igor_Profe/iStock, 4; Nora Yusuf/Shutterstock, 5; Fotystory/Shutterstock, 6–7; Ioan Panaite/Shutterstock, 8; mikulas1/iStock, 8–9, 23tr; Bjoern Wylezich/Shutterstock, 10 (left), 23bl; DmitrySt/Shutterstock, 10 (right), 23bm; Karimpard/iStock, 11; Clovera/iStock, 12–13; Prostock-studio/Shutterstock, 14–15; Plateresca/Shutterstock, 16–17, 23tm; Anton Starikov/Shutterstock, 18, 23tl; Makistock/Shutterstock, 19; TadejZupancic/iStock, 20–21; phoelixDE/Shutterstock, 22tl; Danny Smythe/Shutterstock, 22tr; Arunsri Futemwong/Shutterstock, 22 (middle); Kenishirotie/Shutterstock, 22bl; donatas1205/Shutterstock, 22br; Oh suti/Shutterstock, 23br.

Printed in the United States of America at Corporate Graphics in North Mankato, Minnesota.

Tabla de contenido

Rocas y anillos

Mario tiene una roca.

Ella está hecha de minerales.

Los minerales son sustancias duras.

Ellos se forman en nuestro planeta Tierra.

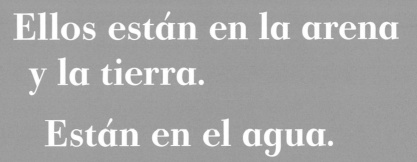

Ellos están en la arena y la tierra.

Están en el agua.

Excavamos minas. Ellas están debajo del suelo.

Ahí, sacamos minerales de la tierra.

mineral

mina

oro

diamante

Hay muchos tipos.

El oro es uno de ellos.

Los diamantes son otro tipo.

Ellos forman un anillo.

¡Qué bonito!

pasta
de dientes

Los minerales están por todas partes.

Están en los hogares.

Están en los carros.

¡Ellos están en la pasta de dientes!

Ellos no están vivos.

Pero nos ayudan a vivir.

¿Cómo?

¡Están en los alimentos!

El hierro está
en la carne.

También está
en los frijoles.

Hay calcio en las nueces.

almendras

También está
en la leche.

¡Los minerales nos fortalecen!

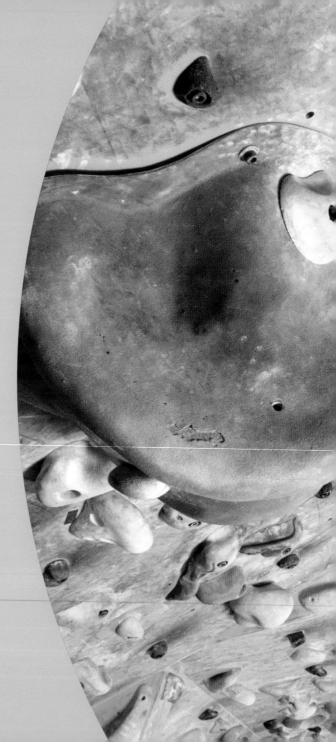

Minerales en el hogar

Los minerales son cosas en la Tierra que no vienen de los animales ni de las plantas. ¿Cuáles minerales están en cosas alrededor de tu hogar? ¡Échales un vistazo!

El cloruro de sodio es sal.

La plata está en las televisiones.

El feldespato produce porcelana.

El cuarzo produce vidrio.

El fluoruro está en la pasta de dientes.

Glosario de fotografías

calcio
Un mineral en alimentos, tales como la leche y las nueces.

hierro
Un mineral en alimentos, tales como la carne y los frijoles.

minas
Lugares donde la gente excava los minerales de debajo del suelo.

minerales
Sustancias en la Tierra que no vienen de los animales ni de las plantas.

sustancias
Cosas que tienen peso y ocupan espacio.

tierra
La capa superior del planeta Tierra en donde las plantas crecen.

Índice

Para aprender más

Aprender más es tan fácil como contar de 1 a 3.

❶ Visita www.factsurfer.com

❷ Escribe "losminerales" en la caja de búsqueda.

❸ Elige tu libro para ver una lista de sitios web.